二十四式太极拳

全民健身项目指导用书

吴昊　张颖◎主编

吉林出版集团股份有限公司　全国百佳图书出版单位

图书在版编目（CIP）数据

二十四式太极拳 / 吴昊，张颖主编. -- 2 版. -- 长春：吉林出版集团股份有限公司，2010.2(2024.8重印)
全民健身项目指导用书
ISBN 978-7-5463-2379-4

Ⅰ. ①二… Ⅱ. ①吴… ②张… Ⅲ. ①太极拳－基本知识 Ⅳ. ①G852.11

中国版本图书馆 CIP 数据核字(2010)第 028374 号

全民健身项目指导用书

二十四式太极拳

ERSHISISHI TAIJIQUAN

主　　编　吴　昊　张　颖
责任编辑　赵　萍
封面设计　吕宜昌
开　　本　650mm×960mm　1/16
印　　张　8
字　　数　60 千
版　　次　2010 年 2 月第 2 版
印　　次　2024 年 8 月第 4 次印刷
出版发行　吉林出版集团股份有限公司
地　　址　吉林省长春市福祉大路 5788 号
邮　　编　130000
电　　话　0431-81629968
电子邮箱　11915286@qq.com
印　　刷　三河市金兆印刷装订有限公司
书　　号　ISBN 978-7-5463-2379-4　　定　　价　39.80元

序 言

自 1995 年我国政府推出《全民健身计划纲要》以来，我国群众性体育活动蓬勃发展，取得了显著的成绩。2008 年，举世瞩目的北京奥运会的成功举办，极大地激发了亿万人民群众的体育热情，增强了全社会的体育意识，营造了浓厚的全民健身氛围。面对这样的可喜局面，群众体育科研、教学工作者应义不容辞地为社会实践服务，从不同角度思考，如何使普通百姓通过简而易行的身体锻炼方式、方法和手段达到良好的健身效果，达到拥有健康的目标，从而享受生活、享受快乐人生。该书系就是在这样的思想指导下诞生的。

本书系能够顺应国家体育的大政方针，掌握时代脉搏，对指导大众健身，使大众掌握健身方法和手段有很好的促进作用。

本书系图文并茂，实用性强，分为球类运动、体操健身运动、传统武术、冰雪运动、水上运动、体育舞蹈、休闲运动、格斗运动、民间体育活动和极限运动等十大类项目，计 100 分册，按照统一的体例，力争有所创新。每册的具体内容为该项目的起源与发展、运动保健、基本技术、运动技巧、比赛规则等，使读者在学习过程中，不仅能够学会运动健身的方法，同时还能够学到保健方面的基本知识。

经国务院批准，自2009年起，将每年的8月8日定为“全民健身日”。《全民健身项目指导用书》的出版，必将为开展全民健身活动起到积极的推动和指导作用。

目录 CONTENTS

目录 CONTENTS

第一章 概述

太极拳运动在中国历史悠久，流派众多，其中流传较广、特点较为突出的有陈式、杨式、吴式、武式和孙式等。二十四式太极拳是为了促进太极拳的推广和普及，由杨式太极拳改编而成的。

第一节

起源与发展

太极拳运动是中国传统武术项目的一种，具有悠久的历史。如今，这项运动不仅风行全国，还吸引了很多国外健身爱好者投身其中。

起源

太极拳运动创立于明末清初，迄今已有三百多年的历史。早期太极拳运动曾被称为“长拳”“绵拳”“十三势”“软手”等。至清朝乾隆年间，山西武术家王宗岳著《太极拳论》，才确定了太极拳的名称。“太极”一词源出自《周易·系辞》，它综合性地继承和发展了明代在民间和军队中流行的各家拳法，结合了古代的导引术和吸纳术，吸取了古典唯物哲学阴阳学说和中医基本理论的经络学说，成为一种内外兼修的拳种。

二十四式太极拳是原中国国家体委武术处（现中国国家体育总局武术研究院）于 1955 年组织部分太极拳专家，在继承传统杨式太极拳的基础上，去繁从简，按照由易到难、由简入繁、循序渐进的原则，突出太极拳的健身性和大众普及性，经过反复修订而创编的。

发展

二十四式太极拳在 1956 年正式公布推广后，对国内外太极拳运动的普及和发展，起到了巨大的推动作用。

传播

1978 年，邓小平为日本友人题词“太极拳好”，使太极拳在世界范围产生了更广泛的影响，越来越多的海外宾朋到中国学习太极拳。

1982 年，全国首届武术对抗项目散打、太极推手表演赛在北京举行，太极推手从此进入对抗性竞赛。

1986 年，国家体委将太极拳、剑、推手列为全国正式比赛项目，并决定每年举行一次比赛。

1987 年 9 月，在日本横滨举行的首届亚洲武术锦标赛上，太极拳作为正式比赛项目露面。

1990 年，国际武术联合会成立，翌年举办首届世界武术锦标赛，将太极拳运动列为比赛项目。此后，各大洲举办的武术锦标赛中也都设立了太极拳项目。

发展趋势

二十四式太极拳简单易学、轻灵圆活，风格独特，老少皆宜，具有广泛的群众基础。长期习练可以提高身体的协调性、灵敏性和柔韧性，有助于身体各部位的均衡发展，改善神经系统机能，对心血管系统也有良好的作用。因此，随着全民健身运动的蓬勃发展，太极拳已成为全民健身计划的重要组成部分。

第二节

场地和装备

太极拳运动对场地和装备的要求并不高，但是高质量的场地是运动顺利开展的前提，而良好的装备则是练习者发挥较高技术水平的必要保证。

场地

初学者最好在体育馆或武馆内的正规场地练习，练习时一定要遵循循序渐进的原则，以减少运动损伤。

规格 见图 1-2-1

(1)正规比赛单练和对练项目的场地长 14 米,宽 8 米。

(2)集体项目的场地长 16 米,宽 14 米。

(3)场地四周内沿应标明 5 厘米宽的边线,周围至少有 2 米宽的安全区(集体项目场地周围至少有 1 米宽的安全区)。

设施

比赛场地应铺设地毯,以防止运动损伤。

要求

(1)比赛场地上空,从地面量起至少应有 8 米的无障碍空间。

(2)如设两个以上比赛场地,两场地之间应有 6 米以上的距离。

图 1-2-1

装备

练习太极拳时最好穿专业的武术服和武术鞋,这样既有利于动作的舒展和增强美感,同时又可避免不必要的运动损伤。

服装 见图 1–2–2

(1)女子为中式半开门小褂(长袖或短袖自定),5 对中式直袢。
(2)男子为中式对襟小褂(长袖或短袖自定),7 对中式直袢。
(3)灯笼袖,袖口处加两对中式直袢。
(4)上衣长度不得超过本人直臂下垂时的小指指端。
(5)中式裤,西式腰,立裆要适宜。

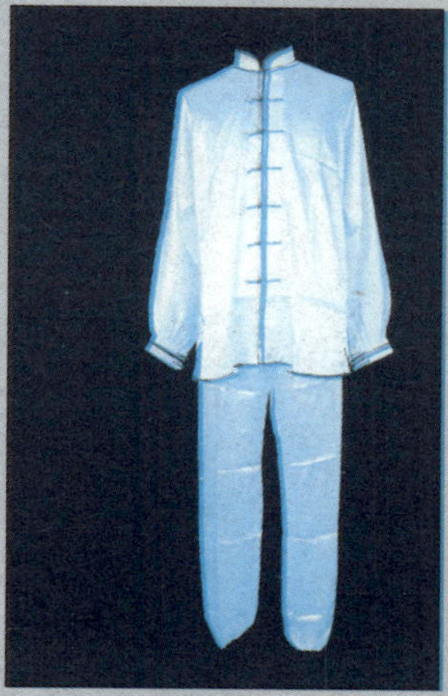

图 1–2–2

鞋 见图 1–2–3

比赛和表演中常见的是以羊皮或帆布制面、软胶制底的武术表演专用鞋,这种鞋既舒服又美观。

图 1–2–3

第二章 运动保健

体育运动对增强体质、预防疾病和促进健康具有良好的作用。但是，并非所有人从事相同的运动都会达到同样的效果。对于同一种运动负荷，不同人机体的反应差异是很大的，即使同一个体，在不同时期、不同机能状态下，对同一负荷的反应及效果也是不一样的。因此，对于不同个体，应制定适合其机能需要的运动强度、时间、频率和持续周期。从事体育锻炼一定要讲究科学性，使机体最大限度地获得运动价值，使某些疾病得到有效的防治。

第一节 自我身体评价

自我身体评价是指根据个体的不同情况以及简单的功能评定标准，对锻炼者进行身体评价，并以此为依据，确定具体的锻炼内容。

适宜人群

体适能是全身适应性的一部分，是人体精神和体力对现代生活的适应能力。为了促进健康，预防疾病，提高生活质量和工作学习效率，几乎所有人都可以追求健康体适能，而且经过简单的评价和测试，均可以成为目标人群，即适宜人群。

健康体适能评价标准

健康体适能是指身体有足够的活力和精力处理日常事务，而不会感到过度疲劳，并且还有足够的精力去享受休闲活动和应对突发事件。

健康体适能是确定锻炼者是否为运动适宜人群的主要依据。目前的评价标准主要包括国民体质测定标准、学生体质测定标准和普通人群体育锻炼标准等。

国民体质测定标准主要包括形态指标、机能指标和素质指标 3 个部分，各项指标的测定结果均为 1～5 分，共 5 个级别。凡各项指标达不到 4 分或 5 分者，均应被纳入健身人群。

学生体质测定标准分为优秀、良好、及格和不及格 4 个级别。优秀水平以下者，均应被纳入健身人群。

普通人群体育锻炼标准分为 5 个级别，凡达不到 4 分或 5 分者，均应被纳入健身人群。

简易运动功能评定

简易运动功能评定的目的在于确定锻炼者有无运动禁忌症或临时运动禁忌的情况，即是否适合参加体育锻炼，以达到防备万一、避免意外事故发生的目的。目前通行的方式为 3 分钟踏台阶测试。

目的

测试锻炼者运动后心率恢复的情况，以评估其心肺功能。

器材 见图 2–1–1

30 厘米高的长凳、节拍器、秒表和时钟。

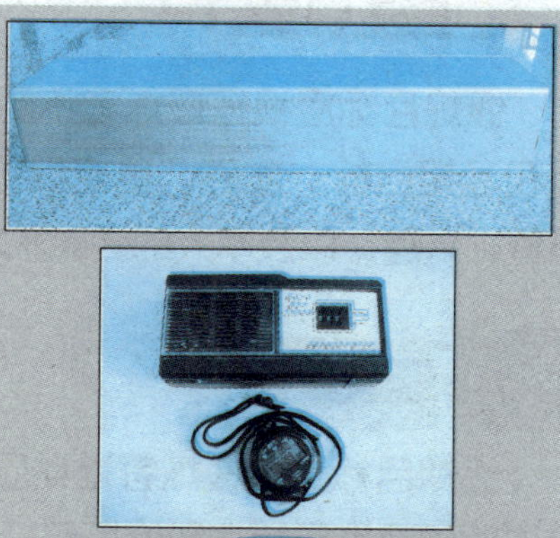

图 2–1–1

步骤 见表 2–1–1

（1）节拍器设定为每分钟 96 次，锻炼者依“上上下下”的节拍运动 3 分钟。

（2）锻炼者完成 3 分钟踏台阶后，5 秒钟内开始测量其脉搏，时间为 1 分钟，记录其心率，并依据下表评价其功能水平。

（3）运动后心率越低，证明其心肺功能越好。在运动强度允许的范围内，锻炼者可选择运动强度的较高值来进行运动。

表 2–1–1 3 分钟踏台阶测试评价表

	年龄（岁）	欠佳（次）	尚可（次）	一般（次）	良好（次）	优异（次）
男士	18~25	>115	105~114	98~104	89~97	<88
	26~35	>117	107~116	98~106	89~97	<88
	36~45	>119	112~118	103~111	95~102	<94
	46~55	>122	116~121	104~115	97~103	<96
	56~65	>119	112~118	102~111	98~101	<97
	65+	>120	114~119	103~113	96~102	<95
女士	18~25	>125	117~124	107~116	98~106	<97
	26~35	>128	119~127	111~118	98~110	<97
	36~45	>128	118~127	110~117	102~109	<101
	46~55	>127	121~126	114~120	103~113	<102
	56~65	>128	118~127	112~117	104~111	<103
	65+	>128	122~127	115~121	101~114	<100

注意事项

如锻炼者经过努力仍无法达标，或出现头晕、胸闷、出冷汗等症状，应立即终止测试。运动中应特别考虑运动强度，以防止出现意外。

锻炼目标

锻炼目标应根据锻炼者不同的身体状况来确定，可分为近期目标和远期目标。此外，确定锻炼目标还应结合锻炼者的运动意向、愿望、兴趣，以及本人的健康状况、疾病程度等因素来进行。

近期目标

近期目标是指锻炼者近期应达到的目标。在进行运动之前，应首先明确锻炼目标，即近期目标。选择一两个健康体适能构成要素，作为未来两个月内努力完成的目标，而且应从成功概率较高的构成要素开始，并将预期两个月后要达到的目标做上记号，如提高某个或某些关节的活动幅度，增强某个肌肉群的力量等。

远期目标

远期目标是指锻炼者最终要达到的目标。实践证明，经过科学合理的锻炼后，锻炼者是可以达到一般的远期目标的，如提高心肺功能，使其达到优秀的等级，或达到降血脂、防治高血压和冠心病的目的等。

运动负荷

运动负荷即运动量。怎样控制运动量，合适的运动时间是多少等，一直是人们争论不休的问题。但有一点是可以肯定的，那就是任何有关身体活动的意见和建议，都需要综合考虑锻炼者的身体状况和所要达到的目标，并以此为依据来制订科学的身体锻炼计划。

运动强度

在运动过程中，运动强度过小，则无法达到锻炼的效果；运动强度过大，不仅达不到最佳的锻炼效果，还可能产生一些副作用，甚至出现意外事故。确定运动强度有两种方法，即心率简易推测法和主观感觉疲劳分级表推测法。

心率简易推测法

(1)年龄在 20 岁左右的年轻人，身体健康，能坚持体育锻炼，欲进一步提高身体机能，可取最大心率值(最大心率值 =220 − 年龄)的 65%～85%。

(2)年龄在 45 岁以下，身体基本健康，有运动习惯者，开始进行健身锻炼，可取最大心率值的 65%～80%，没有运动习惯者，开始进行健身锻炼，可取最大心率值的 60%～75%。

(3)年龄在 45 岁以上，身体基本健康，有运动习惯者，开始进行健身锻炼，可取最大心率值的 60%～75%，没有运动习惯者，建议根据自身情况咨询专业人员来指导和确定运动强度。

主观感觉疲劳分级表推测法

见表 2-1-2

运动的疲劳程度大致分为 10 级,具体为:0～1 级,没感觉;2～3 级,尚轻松;4～5 级,稍累;6～7 级,累;8～9 级,很累;10 级,精疲力竭。因此,健身锻炼的运动强度应控制在主观感觉疲劳程度的 4～7 级。

表 2-1-2 主观感觉疲劳分级表

0 没感觉	·	2 尚轻松	·	4 稍累	·	6 累	·	8 很累	·	10 精疲力竭

运动频率

运动频率是指每日及每周锻炼的次数。一般每周锻炼 3～4 次，即隔日锻炼 1 次即可。有充足的休息时间，可使机体得到充分的休息，收到更好的锻炼效果。

运动持续时间

运动强度和运动持续时间，决定了一次锻炼的运动量和热量消耗。运动持续时间与运动强度成反比，运动强度大，运动持续时间可相应缩短，运动强度小，则运动持续时间应相应延长。

一般的健身锻炼，运动持续时间以每天 20～60 分钟为宜，其中包括准备活动时间、健身锻炼时间和整理活动时间。每次健身锻炼应在 20 分钟以上，锻炼可一次性完成，也可分段进行，但每段的活动时间应在 10 分钟以上。

第二节 运动价值

运动价值是人们一直在探讨的问题。一般认为，运动具有两方面的价值，即健身价值和心理价值。身体和精神的健康是相互依存的，伴随着身体功能的改善，精神状况也能同时得到改善。

健身价值

健身价值在于提高体适能。体适能包括心肺耐力素质、肌肉力量素质、柔韧性素质和身体成分等。体适能的发展是积极从事锻炼的结果，只有规律性的体育锻炼才能达到最佳的体适能。

提高心肺耐力素质

心肺耐力是指全身肌肉进行长时间运动的持久能力，是体内心肺系统对身体各细胞的供氧能力。人体的心脏、肺、血管、血液等组织的功能是心肺耐力的基础，它们与氧气和营养物质的输送以及代谢物的清除有关。健全的心肺功能是健康的基本保证。

系统的体育锻炼，可以使心肌增厚，收缩力加强，心室容积增大，从而使心脏的泵血功能增强，表现为心血输出量增加。

系统的体育锻炼，呼吸系统机能也将得到提高，表现为呼吸肌的力量增强，肺活量、肺通气量明显增加，保证对机体供氧的能力。

系统的体育锻炼，可以促进血管系统的形态、机能和调节能力产生良好的适应力，从而提高机体的工作能力。

系统的体育锻炼，可以使血液系统产生某些适应性变化，如血容量增加、血黏度下降、红细胞膜弹性增强和红细胞变形能力增强等。

提高肌肉力量素质

肌肉力量是指肌肉最大收缩产生的对抗阻力或负荷的能力。肌肉力量只有达到一定的程度，才能克服外界阻力，而克服外界阻力是维持日常生活自理、从事各种劳动和运动的必要前提。

系统的体育锻炼，可以提高肌肉的生理横断面积，可以改善神经系统对肌肉收缩的支配功能，还可以提高肌肉内代谢物质的储备量，使肌肉力量得到提高。

提高柔韧性素质

柔韧性是指人体各关节的活动幅度，即关节的肌肉、肌腱和韧带等软组织的伸展能力。柔韧性对于保证正常生活质量、维持正常体态、预防损伤发生和减轻损伤程度等方面均起到至关重要的作用。

系统的体育锻炼，还可以延缓因年龄因素而导致的柔韧性下降，预防因缺乏运动而导致的关节结构、周围软组织和膝关节肌肉退化，从而使锻炼者的日常生活、劳动和运动等更加充满活力。

改善身体成分

身体成分是指人体体重中的脂肪组织和去脂组织的重量百分比。身体成分中的脂肪成分增加，肌肉成分必然下降。身体中不具备收缩功能的脂肪组织增加，必然导致身体进行各种活动的能力下降，基础代谢水平降低，肥胖症、冠心病、高血压、糖尿病、高血脂等慢性疾病发病率的提高。因此，身体成分是保证人体健康的重要内容之一。

通过系统的体育锻炼，随着锻炼者体质的增强，热量消耗便随之增加，进而燃烧掉体内多余的脂肪，使身体成分得到改善。而身体成分的改善，又可以减少体重对关节可能带来的不利影响，还可以使肥胖者的心理状况得到改善，增强其自信心，使其逐步建立起健康的生活方式。

心理价值

研究证明，有规律的体育锻炼不但可以使锻炼者增强体质、促进身体健康、预防一些慢性疾病，还可以提高锻炼者的生活满意度和生活质量，对其心理健康产生积极影响。

体育锻炼的心理健康效应主要表现在六个方面：

改善情绪状态

短期效应

研究发现，体育锻炼对人的情绪状态具有显著的短期效应。运动后人们的焦虑、抑郁、紧张和心理紊乱等症状会明显减轻，而精力和愉快程度则明显增强。而且这种情绪的迅速变化，与锻炼者个体的健康状况、活动形式和活动强度等有着直接的联系。

长期效应

体育锻炼对人情绪的长期效应有着直接的影响，与不锻炼者相比,有规律的锻炼者在较长时期内很少会产生焦虑、抑郁、紧张和心理紊乱等情绪。

完善个性行为特征

见表 2-2-1

人们的行为特征一般可以分为两种类型，用 A 型行为特征和 B 型行为特征来表示。A 型行为特征主要表现为性情急躁、争强好胜、容易激动、整天忙碌和做事效率高等。B 型行为特征主要表现为不好竞争、不易紧张、不赶时间、对人随和、喜欢自由自在等。具有 A 型行为特征的人由于过度紧张的情绪反应，会引起内分泌失调，增加心脏病发病的概率。目前的一些研究主要集中在体育锻炼对改变 A 型行为特征的作用方面。研究结果表明，有规律的体育锻炼能明显改变 A 型行为特征。

表 2-2-1　A、B 型个性行为特征常见表现

A 型行为特征者常见表现	B 型行为特征者常见表现
约会从来不迟到	对约会很随便
竞争意识很强	竞争意识不强
别人要讲话时总爱抢先或插话	是别人讲话时很好的听众
总是匆匆忙忙	即使有压力也从不匆忙
等待时缺乏耐心	能够耐心等待
干事时全力以赴	处事漫不经心
同时想干很多事	在一段时间里只干一件事情
讲话喜欢用加强语气,甚至敲桌子	讲话语速缓慢、不慌不忙
做了好事希望能得到别人的认可	只要自己满意即可,不管别人怎样想
吃饭、走路都很快	做事情很慢
不善与人相处	为人随和
容易暴露自己的感情	能控制自己的感情
具有广泛的兴趣	没什么业余爱好
雄心壮志	满足于目前的工作和学习状况

确立良好自我概念

自我概念是指个体对自己身体、思想和情感的主观整体评价，它由许多自我认识组成，包括我是什么人、我主张什么和我喜欢什么等。

坚持体育锻炼，可以使锻炼者体格强健、精力充沛、提高驾驭身体的能力，从而改善对自身的满意程度，确立良好的自我概念。

改变睡眠模式

根据脑电图的显示，人的睡眠可以分为两种状态，即慢波睡眠状态和快波睡眠状态。前者为浅度睡眠状态，后者为深度睡眠状态。一夜之间两种睡眠状态会交替发生 4～5 次。

有规律的体育锻炼不仅对慢波睡眠有促进作用，而且能缩短入眠的潜伏期，并延长睡眠的时间。

改善认知能力

体育锻炼还能改善人的认知过程，避免反应时间过长、注意力不集中和思维混乱等症状的发生，尤其对老年人的认知能力改善效果更为明显。

增加心理治疗效应

体育锻炼被公认为是一种心理治疗的好方法。目前人群中常见的心理疾患是抑郁症和焦虑症。研究发现，体育锻炼是治疗抑郁症的有效手段之一，抑郁症患者经过有规律的体育锻炼，抑郁症状能明显减轻。

体育锻炼还具有治疗焦虑症的作用，通过有规律的体育锻炼，可以使锻炼者的焦虑症状明显改善。

第三节
运动保护

在运动过程中，人体机能会随时发生变化。因此，应针对这种机能变化的特点来进行体育锻炼，也就是我们所说的运动保护。运动保护一般包括运动前准备、运动后放松和自我养护三个方面。

运动前准备

准备活动是指在正式运动之前进行的有目的的身体练习。做好充分的准备活动，可以缩短机体进入最佳状态的时间，同时还可以预防运动损伤的发生，为机体发挥最大的工作效率做好功能上的准备。

准备活动的作用

提高中枢神经系统兴奋状态

(1)使大脑反应速度加快，参加活动的运动中枢神经相互协调。

(2)为正式运动时生理机能达到适宜程度提前做好准备。

提高机体代谢水平

(1)准备活动可以使锻炼者体温升高，降低肌肉黏滞性，使肌肉的伸展性、柔韧性和弹性增强，从而有效预防运动损伤的发生。

(2)准备活动可以增强体内代谢酶的活性，使物质代谢水平提高，以保证运动时有较充分的能量供应。

克服内脏器官生理惰性

(1)准备活动可以提高心血管系统和呼吸系统的机能水平，使肺通气量及心血输出量增加。

(2)可以使心肌和骨骼肌的毛细血管扩张，使其工作肌获得更多的氧，从而克服内脏器官的生理惰性，使之尽快达到最佳状态。

增加皮肤毛细血管血流量

准备活动可以使皮肤毛细血管的血流量增加，运动后毛细血管扩张，有利于散热，降低体温，有效防止开始正式活动时由于体温过高而影响运动能力。

准备活动要求

准备活动时间

(1)准备活动的时间可以根据运动项目的具体情况确定，一般以10～30 分钟为宜。

(2)准备活动与正式运动的间隔时间，一般以不超过 15 分钟为宜，可以在做完准备活动后立刻进行正式运动。

准备活动强度

(1)准备活动的强度和量应较正式运动小，以免引起不必要的疲劳。

(2)准备活动的量可以由心率来决定，心率以 100～120 次 / 分为宜。

准备活动内容

一般性准备活动

一般性准备活动的内容多以伸展运动开始，然后进行一般性的跑步、徒手体操等活动。

下面介绍一套常用的一般性准备活动操，供锻炼者运动前使用。这套活动操主要包括头部运动、肩部运动、扩胸运动、体侧运动、体转运动、髋部运动和踢腿运动等。

图 2-3-1

头部运动

头部运动的动作方法(见图 2-3-1)：两手叉腰，两脚左右开立，做头部向前、向后、向左、向右，以及绕环运动。

肩部运动

肩部运动的动作方法(见图 2-3-2)：手扶肩部，屈臂向前、向后绕环，以及直臂绕环。

扩胸运动

扩胸运动的动作方法(见图 2-3-3)：屈臂向后振动及直臂向后振动。

体侧运动

体侧运动的动作方法(见图 2-3-4)：两脚左右开立，一手叉腰，另一臂上举，并随上体向对侧振动。

体转运动

体转运动的动作方法(见图 2-3-5)：两脚左右开立，两臂体前屈，身体向左、向右有节奏地扭转。

髋部运动

髋部运动的动作方法(见图 2-3-6)：两脚左右开立，两手叉腰，髋关节放松，向左、向右 360 度旋转。

图 2-3-2

图 2-3-3

踢腿运动

踢腿运动的动作方法(见图 2-3-7):两臂上举后振，同时一腿向后半步，重心置于前腿，两臂下摆后振，同时向前上方踢腿。

图 2-3-4

图 2-3-5

图 2-3-6

图 2-3-7

专门性准备活动

专门性准备活动的动作方法、节奏和强度等与正式锻炼相似，目的是使人体主要肌群在运动前得到动员，为正式锻炼做好准备。

运动后放松

运动后放松是指运动之后所进行的一些能够加速机体功能恢复的、较轻松的身体活动。与运动前准备活动相反，其目的是使锻炼者的生理机能水平逐步得到恢复。

放松方法

运动性手段

(1)运动结束后，锻炼者可采用变换运动部位的方法来消除疲劳，如上肢出现疲劳时可做一些慢跑运动，下肢出现疲劳时可做一些上肢运动。

(2)转换运动类型也是一种不错的放松方法，如打羽毛球出现疲劳时，可从事瑜伽运动来达到放松的目的。

(3)还可以用调整运动强度的方法来缓解疲劳，如可以在放松过程中，采用小强度的轻微运动方法等。

整理活动 见图 2-3-8

(1)整理活动是指运动后所做的一些能够加速机体功能恢复的身体活动，如剧烈运动后进行 3～5 分钟慢跑或其他整理活动，使身体机能得以恢复。

(2)剧烈运动后如不做整理活动而骤然停止动作，会影响氧气的补充和静脉血的回流，使机体血压降低，引起不良反应。

图 2-3-8

注意事项

(1)在进行整理活动时动作应缓慢、放松，运动量不要过大，否则会引起新的疲劳。

(2)在进行整理活动时，应当保持心情舒畅、精神愉快。

自我养护

锻炼后，锻炼者感觉身体疲劳是一种正常的生理现象，是体育锻炼过程中的正常反应，随着体育锻炼时间的延长，疲劳症状会自然消失。运动性疲劳出现后，锻炼者如果采用一些自我养护措施，可以加速身体机能的恢复，尽快消除疲劳，提高锻炼效果。常见的自我养护方法主要包括运动后休息、合理营养和物理手段等三种。

运动后休息

静止性休息

见图 2-3-9

(1)静止性休息是指锻炼者运动后保持机体相对的静止状态，以促进身体机能的恢复，尽快消除疲劳。

(2)静止性休息的最佳方式之一是睡眠，特别是刚开始从事锻炼者，身体不适应或疲劳症状明显时，更应该保证足够的睡眠，否则，锻炼者虽然积极参加了体育锻炼，但收效甚微，甚至会导致过度疲劳症状的发生。

(3)静止性休息更适合于消除全身运动导致的整体疲劳症状。

图 2-3-9

积极性休息

见图 2-3-10

(1)积极性休息更适合由于少量肌肉群参与工作而导致的局部疲劳，或运动强度较大而导致的快速疲劳。

(2)积极性休息可以加速血液循环，有利于代谢物排出体外，对促进身体机能的恢复具有明显的效果。

图 2-3-10

合理营养

见图 2–3–11

小强度、长时间的运动形式，主要是靠糖原的有氧代谢提供能量。运动后应及时补充淀粉类食物，如面粉、大米等，以促进消耗糖原的合成。随着人民生活水平的提高，在饮食结构中，肉类食品的比重不断增加，而淀粉类食品的比重逐渐减少，这一现象应当引起人们的注意，特别是老年人参加体育锻炼，更应注意对淀粉类食物的补充。

图 2–3–11

强度较大、时间又相对较长的运动形式，主要是靠糖原的无氧代谢提供能量。这样，糖原无氧代谢产物——乳酸便会在体内大量堆积。因此，运动后应多补充蔬菜、水果等碱性食品，以加速乳酸的清除，达到尽快消除疲劳的目的。

物理手段

按摩及牵拉

见图 2–3–12

（1）通过刺激神经末梢、皮肤结缔组织和毛细血管的按摩方法，可以使紧张的肌肉得以放松，从而改善局部组织和全身的血液循环，达到促进身体机能恢复的目的，这种方法可以在锻炼后马上进行。

（2）此外，还可以采取缓慢牵拉肌肉的方法，使收缩的肌肉得到充分的伸展放松。

水疗及电疗

（1）水疗包括芬兰式蒸汽浴、热水浴和桑拿浴等多种形式，主要作用是通过提高体温，促进血液循环，清除代谢物，以达到尽快消除疲劳、恢复体力的目的。

（2）水疗的时间一般以不超过 30 分钟为宜，如果时间过长，会进一步消耗体力，严重时甚至会出现暂时性脑缺血现象。

(3)如果条件允许，还可对疲劳的肌肉进行低频治疗。低频治疗仪的原理是模拟针灸疗法，使用时将电极用不干胶对称地粘贴在运动部位表皮上。这种疗法可以促进局部血液循环，改善组织代谢，缓解肌肉酸痛，消除疲劳。

图 2-3-12

第三章 基本技术

基本技术是学练太极拳的基础。太极拳作为一项育人、健体、养心的运动项目，对练习者的身体姿态、动作节奏、规范程度都有一定的要求。太极拳的意境最终由练习者通过自身的身体语言表现出来，具体表现为单个动作或几个动作的组合或整个套路完成的质量。基本技术包括基本动作和基本功练习等。

第一节

基本动作

太极拳的基本动作既可以是相对独立的单个动作，也可以是几个动作的组合。通过基本动作练习，不仅能规范地掌握二十四式太极拳的形态和完成方法，而且能更好地提高动作的协调性和技巧性，为以后完成套路练习打下扎实的基础。基本动作包括手形、手法、步形和步法等。

手形

太极拳的基本手形包括拳、掌和勾等。

拳

动作方法 见图 3–1–1

食指、中指、无名指与小指四指自然卷握，拇指压于中指和食指的第二关节上。

技术要点

拳要松握，拳心虚空。

错误纠正

练习时易出现拳头紧握、动作僵硬不柔和等问题。因此，应了解太极拳练习时对身体各部位的要求，不要刻意用力，强调自然和谐。

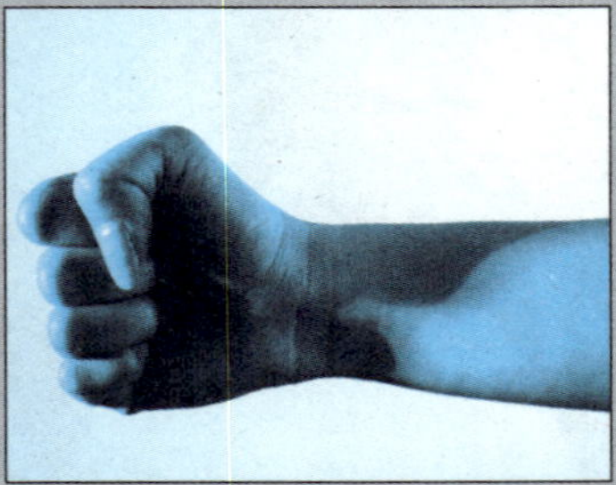

图 3–1–1

掌

动作方法 见图 3-1-2

五指略屈，略分开，掌心略含，虎口撑圆。

技术要点

掌指放松，手指不可僵直或过分弯曲，顺其自然。

错误纠正

练习时易出现掌心刻意外挺，造成手掌、手指和前臂肌肉紧张，动作僵硬等问题。因此，应注意掌指的适度放松。

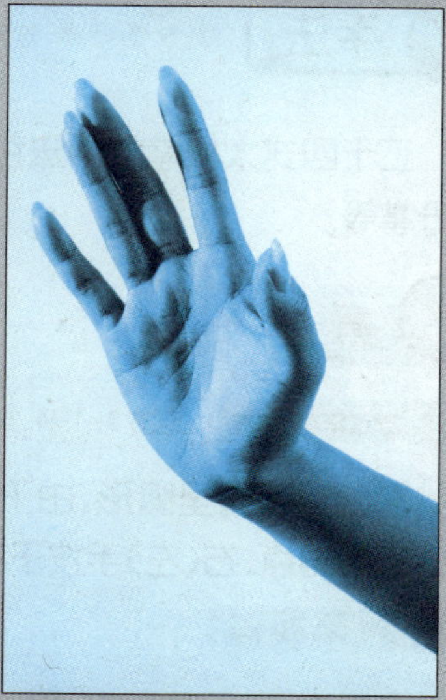

图 3-1-2

勾

动作方法 见图 3-1-3

五指第一关节捏拢在一起，屈腕。

技术要点

五指捏拢，适度屈腕，用力自然，不要太紧张。

错误纠正

练习时易出现手腕放松、屈腕不够或过度屈腕，造成手和手臂紧张等问题。因此，应反复练习，体会动作要领。

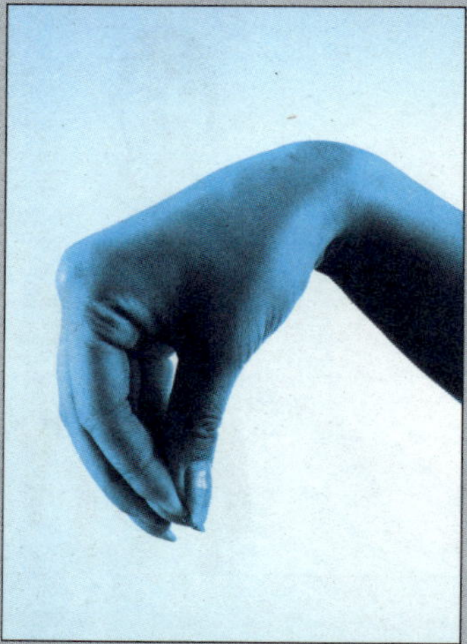

图 3-1-3

手法

二十四式太极拳的手法包括棚、捋、挤、按、冲拳、贯拳、推掌、抱掌和分掌等。

棚

动作方法 见图 3–1–4

左(右)手臂呈弧形,由下向前上棚架,掌高与肩平,掌心向内,前臂外侧为力点,右(左)手按于右(左)胯旁,掌心向下,指尖向前。

技术要点

身体中正,目随手走,用意不用力,周身协调。

错误纠正

练习时易出现前臂故意发力,破坏身体平衡等问题。因此,应注意在放松的状态下去完成动作,体会动作要领。

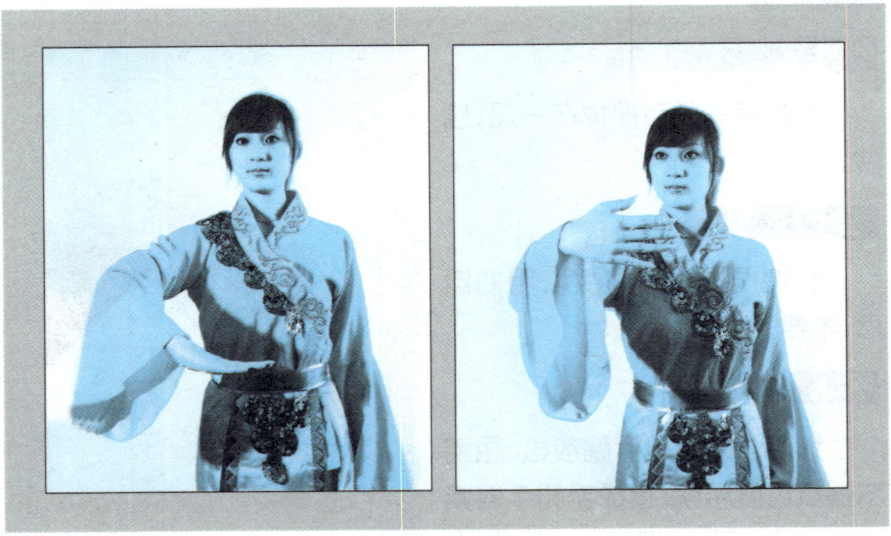

图 3–1–4

捋

动作方法 见图 3-1-5

两臂略屈，掌心斜相对，两掌随腰转动，由前向后划弧捋至身体侧后方。

技术要点

身体中正，腰为主宰转动用力。

错误纠正

练习时易出现身体前俯、单纯靠两手臂用力等问题。因此，应时刻提醒初学者注意腰部的转动，体会以腰代臂用力的感觉。

图 3-1-5

挤

动作方法 见图 3-1-6

前手臂屈肘直腕，后手坐腕贴近前手前臂内侧，两臂同时向前挤出，挤出时两臂撑圆，高不过肩，低不过胸。

技术要点

前挤时注意拧腰，身体重心前移，略呈弓步，上下肢动作协调一致。

错误纠正

练习时易出现两臂前挤到位，而下肢弓步未完成；身体重心继续前移或者是下肢弓步到位，而两臂仍然向前挤等问题。因此，应注意身体动作协调一致，加强身体协调性的练习。

图 3-1-6

按

动作方法

见图 3-1-7

两手掌同时由后向前推按，指尖向上，掌心向前，两臂略屈，肘部松沉，与胸同高。

技术要点

按掌时注意腰、腿用力协调一致，动作定势时注意沉肩垂肘。

错误纠正

练习时易出现两臂前挤到位而下肢弓步未完成，身体重心继续前移或者下肢弓步到位，而两臂仍然向前挤等问题。因此，应注意身体动作协调一致，加强身体协调性的练习。

图 3–1–7

冲拳

动作方法 见图 3–1–8

拳从腰间旋转向前打出呈立拳，拳眼向上，臂略屈。

技术要点

出拳时蹬地拧腰，协调用力，力达拳面。

错误纠正

练习时易出现握拳较紧，冲拳后肘关节伸直且僵硬，肩部前送且耸起等问题。因此，应强调对身体各部位的控制。

图 3-1-8

贯拳

动作方法 见图 3-1-9

两手握拳，从身体两侧下方向前上方弧形横打，两臂略屈撑圆，拳眼斜向下，力点在拳面。

技术要点

两拳弧形向前击打，力达拳面，两拳间距离约同头宽。

错误纠正

定势时易出现两肩向前上方提拉，造成耸肩、缩脖等问题。因此，应注意沉肩垂肘。

图 3-1-9

推掌

动作方法 见图 3-1-10

掌从胸前向前推出，掌心向前，指尖向上，与胸同高，手臂略屈。

技术要点

掌心虚含，沉肩坠肘，动作协调。

错误纠正

推掌时易出现掌心过分外挺、动作僵硬不柔和等问题。因此，应多做在意念指导下的动作练习，体会动作要领。

图 3-1-10

抱掌

动作方法 见图 3-1-11

两手在身体两侧立掌，掌心向外，由身体两侧向前划弧合抱于胸前，两手交叉，掌心向后。

技术要点

动作自然，注意松肩垂肘，身体中正。

错误纠正

两掌由体侧向胸前合抱时易出现上体前俯、耸肩等问题。因此，应对着镜子或在同伴的纠正帮助下进行练习。

图 3-1-11

分掌

动作方法 见图 3-1-12

两手在胸前交叉合抱，向左右两侧分举，掌心向外，指尖向上，手腕与肩同高。

技术要点

动作自然协调，两掌在向身体两侧分举的过程中完成外翻动作。

错误纠正

练习时易出现两掌高于头部向外分举，造成耸肩、身体紧张等问题。因此，应注意分掌时不要高于脸部。

图 3-1-12

步形

二十四式太极拳的基本步形包括弓步、虚步、独立步和仆步等。

弓步

动作方法 见图 3-1-13

（1）两脚脚掌均全部着地，前腿屈膝，大腿接近水平，膝部与脚尖垂直，方向一致。

（2）后腿不能完全蹬直，后脚尖内扣，斜向前方 45 度，两脚横向距离约 30～40 厘米。

（3）左腿在前屈膝为左前弓步，右腿在前为右前弓步。

技术要点

上体中正不偏不倚，前腿屈曲，大腿接近水平，承担约六成体重，后腿承担约四成体重。

错误纠正

弓步时易出现两脚没有一定的横向距离，造成身体稳定性差，失去平衡等问题。因此，应注意两脚间有一定的横向距离，增加身体的稳定性。

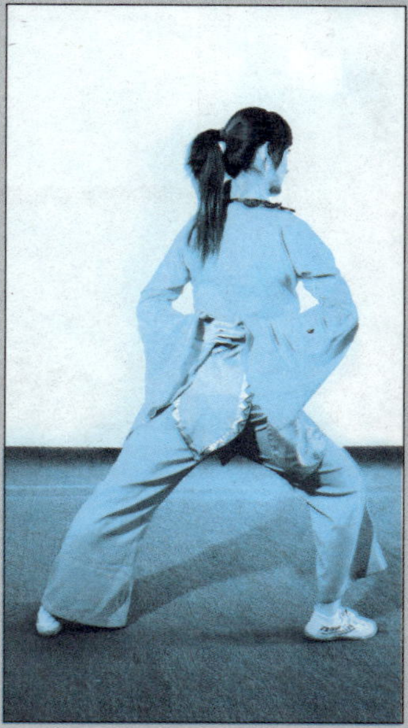

图 3-1-13

虚步

动作方法

见图 3-1-14

（1）后腿屈蹲，脚跟与臀部基本垂直，脚尖略向外展，全脚掌着地。

（2）前腿略屈，膝关节略上提，前脚掌或脚跟轻轻点地。

技术要点

身体中正，重心平稳，虚实分明。

错误纠正

虚步时易出现点地脚几乎不承担身体重量、身体重心不稳等问题。因此，应先由两脚共同分担体重，然后逐渐减少点地脚承担体重的比例。

图 3-1-14

独立步

动作方法 见图 3-1-15

支撑腿略屈站立，另一腿屈膝上提高于腰部，脚尖向下，上体保持正直。

技术要点

身体中正，重心平稳，上提腿膝关节尽量向上，小腿及踝关节适当放松。

错误纠正

练习时易出现重心不稳、上提腿脚尖勾屈等问题。因此，应多做控制身体姿态和控腿练习，体会动作要领。

图 3-1-15

仆步

动作方法 见图 3-1-16

一腿全蹲，全脚着地，脚尖略向外展，另一腿自然伸直于体侧，脚尖内扣，全脚着地。

技术要点

全蹲腿膝部与脚尖方向一致，另一腿平铺接近水平，伸出脚的脚尖与另一脚脚跟在一条直线上。

错误纠正

练习时易出现全蹲腿脚尖没有外撇、伸出腿脚掌外翻等问题。因此，应降低难度练习，并在平时多做压腿拉伸韧带的练习。

图 3-1-16

步法

太极拳基本步法包括上步、退步、跟步和侧行步等。

上步

动作方法 见图 3-1-17

后脚向前一步，或前脚向前半步。

技术要点

上体正直，身体重心稳定，上步时身体重量完全由一腿支撑后，再提起另一脚向前，脚跟点地，然后过渡到全脚掌着地。

错误纠正

练习时易出现过早迈步向前、后脚主动用力蹬地等问题。因此，应在平时练习时注意强调太极拳行步练习的点起点落、轻起轻落的特点。

图 3-1-17

退步

动作方法 见图 3-1-18

前脚后退一步，或连续退步。

技术要点

身体中正，重心平稳，身体重量完全由一腿支撑后，再提另一脚向后迈步。

错误纠正

练习时易出现一腿支撑时重心不稳、前腿向后迈步时蹬踏地面等问题。因此，应多强调身体重心的转换过渡。

图 3-1-18

跟步

动作方法 见图 3-1-19

后脚向前跟进半步。

技术要点

身体中正，重心平稳，后脚上步时脚尖先落地。

错误纠正

练习时易出现后脚蹬地用力上步等问题。因此，应强调身体重心的转换和过渡。

图 3–1–19

侧行步

动作方法 见图 3–1–20

两脚平行连续向一侧移动。

技术要点

身体中正，保持稳定，出脚脚尖先着地后，重心再过渡到两脚之间。

错误纠正

练习时易出现重心不稳，身体左歪右斜，出脚、收脚没有做到点起点落等问题。因此，应多做控体和重心转换练习。

图 3-1-20

第二节
基本功练习

基本功练习是掌握太极拳动作和套路的基础。由于太极拳是一种强调人体内外兼修的运动项目，对练习者练习过程中表现出来的“意、气、形”有较高的要求，所以，只有经过长期的、全面的太极拳基本功练习，才能够逐渐体会太极拳心静体松、意导气合、中正安舒、轻柔沉稳、连贯圆活、协调完整、虚实分明的特点。基本功练习包括分靠势、搂推势、捋挤势、架推势和云手势等。

分靠势

太极拳很多动作要通过手臂运转配合全身部位协调完成，进行分靠势的练习，有助于练习者体会太极拳上靠下采和转腰运臂的动作要领。

动作方法 见图 3-2-1

（1）身体自然站立，两脚平行分开，距离与肩同宽，两手垂于身体两侧，精神集中，呼吸自然，目视前方，两臂徐徐向前平举，高度与肩齐平，距离与肩同宽，肩部放松，肘略沉，沉腕舒指，掌心向前下方。

（2）上体右转，两臂屈抱在胸前，两手上下相对呈抱球状，右臂在上，左臂在下，左手低不过腰，两臂呈弧形，两掌掌心相对，上体保持端正，目视右腕。

（3）上体转向前方，随之两臂交错向前上方和后下方分开，左掌停于体前，掌心向后，四指斜向前，高与肩平，右掌停于右胯旁，掌心向下，指尖向前，两臂分开后仍略屈呈半圆，目视左掌掌指。

（4）上体左转，两臂在左胸前屈抱呈抱球状，左臂在上，右臂在下。

（5）可左右反复练习。

技术要点

(1)顶头沉肩，含胸竖脊，转腰运臂，协调一致，前臂向斜前方含有靠劲，后手向下有采劲，柔中有刚，抱球时两臂应该屈臂虚腋，圆满轻盈。

(2)刚开始练习时自然呼吸，动作熟练后做到分靠时呼气，抱球时吸气。

错误纠正

练习时易出现身体姿势不正确、动作紧张或松懈、动作不协调等问题。因此，应弄清此练习对身体各部位的要求，清楚动作概念和路线，并与呼吸相配合。

图 3-2-1

搂推势

太极拳讲究发劲于腰腿，通过搂手推掌的练习，仔细体会转腰运臂合而为一的动作要领和发力技巧。

动作方法 见图 3-2-2

（1）身体自然站立，两脚平行分开，距离与肩同宽，两手垂于身体两侧，精神集中，呼吸自然，目视前方，两臂缓缓前平举至两手与肩同高，松肩坠肘，沉腕舒指，掌心向前下方。

（2）上体右转，左手经面前向右划弧摆至右肩前，掌心向下，同时右手翻转下落，经腰侧向斜前方举起，上臂高与肩平，掌心向上，目视右手。

（3）上体转向前方，随之左手下落，经腹前向左搂至左胯旁，掌心向下，五指向前，同时右手屈收，经肩上耳旁向前推出，停于胸前，掌心向前，指尖与鼻尖平高，目视前手。

（4）上体左转，右手随之经面前向左上方划弧摆至左肩前，掌心斜向下，同时左手翻转向侧后方上举，高与肩平，掌心向上，目视左手。

（5）上体再转向前方，随之右手下落经腹前向右搂至右胯旁，左手屈收，经肩上耳旁向前推出，掌心向前，指尖向上，与鼻同高，目视前方。

（6）如此反复练习。

技术要点

（1）推掌时要沉肩、含胸、顶头、坐腕、舒指，搂手时手经腹前向体侧划弧，运臂与转腰要协调，连贯圆活，一气呵成。

（2）刚练习时自然呼吸，动作熟练后做到搂推时呼气，转腰运臂时吸气。

错误纠正

练习时易出现动作不规范、不到位等问题。因此，应在练习前先明确动作概念，体会动作要领。

图 3-2-2

捋挤势

太极拳根在两腿，形于两手。通过捋挤动作的练习，体会捋时的用力技巧，挤时的用力部位，并适当配合呼吸，进一步感受内外相合的意境。

动作方法 见图 3-2-3

（1）身体自然站立，两脚平行分开，距离与肩同宽，两手垂于身体两侧，精神集中，呼吸自然，目视前方，两臂缓缓向前平举至两手与肩同高，松肩坠肘，沉腕舒指，掌心向前下方。

（2）上体右转，左手翻转伸至右前臂下方与右掌心相对，两掌右前左后，随上体左转屈臂后捋，收至胸前，目视右前方。

（3）上体右转，两臂翻转屈收上举，右掌横于胸前，掌心向内，左掌指附于右腕内侧，掌心转向前方。

（4）两掌交搭，两臂撑展向右前方挤出，与胸同高，两臂撑圆，目视右前臂。

（5）上体转向左前方，左掌经右掌上面向左前方平抹划弧，掌心向下，同时右掌略收，停于左前臂下，两掌心斜相对，目视左掌。

（6）上体右转，右掌后捋至右胯旁，左掌收于胸前，掌心向后，掌指斜向下。

（7）上体左转，两臂旋转屈收上举，两掌交搭在胸前，随之向左前方挤出，左掌横于胸前，右掌四指附于左腕内侧，两臂撑圆，两掌心相对，目视左前臂。

（8）如此反复练习。

技术要点

（1）捋挤动作应与腰脊部旋转协调配合，身体重心在两腿间随势移动，保持顶头、竖脊、沉肩、含胸、撑臂。

（2）后捋时两掌前后交错，前挤时两掌前后交搭，换势时两掌平圆抹转。

（3）动作熟练后结合呼吸，做到捋时吸气，挤时呼气，转换时调整呼吸。

错误纠正

练习时易出现只单纯用手臂，而没有腰部拧转的参与，出现上下肢动作脱节不协调等问题。因此，应认真体会“以腰带臂”“腰为主宰”的意境。

图 3-2-3

架推势

架推势是练习腿、腰、手臂协调发力的基本功法之一。通过长期的架推势练习，练习者应体会和掌握运臂架推、以腰为轴的动作要领，做到左右架推动作转换自由随心，最后达到心与意合、意与气合、气与力合的境界。

动作方法

见图 3-2-4

（1）身体自然站立，两脚分开，与肩同宽，两手垂于身体两侧，精神集中，呼吸自然，目视前方，两臂缓缓向前平举至两手与肩同高，松肩坠肘，沉腕舒指，掌心向前下方。

（2）上体右转，两臂屈收，两掌在右胸前抱球。

（3）上体转向左前方，随之左手经胸前翻转上举，架于头部左上方，掌心斜向上，右手下落，后向左前方推出，掌心向前，指尖朝上，与鼻尖同高，目视右手。

（4）两手下落，在右胸前抱球。

（5）上体转向右前方，随之右手经胸前翻转上举，架于头部右上方，掌心斜向上，左手下落后向右前方推出，掌心向前，指尖朝上，高与鼻尖平，目视左手。

（6）如此左右势反复练习。

技术要点

（1）架推时结合腰脊的旋转，身体重心在两腿间随势移动。

（2）推掌时注意转腰、顺肩、含胸、坠肘、塌腕、舒指。

（3）动作熟练后结合呼吸练习，做到抱球时吸气，架推时呼气。

错误纠正

举手架掌时易出现耸肩歪头等问题。因此，应注意动作的规范性，身体中正，沉肩垂肘，呼吸自然。

图 3-2-4

云手势

太极拳练习讲究意动身随、腰为主宰。腰部是人体上传下达的关键部位，太极拳劲力的发放主要由腰部参与，配以手法、腿法等加以完成。云手势练习可以很好地让练习者体会到“周身完整势连贯，呼吸调整听自由”的动作要求。

动作方法 见图 3-2-5

（1）身体自然站立，两脚平行分开，距离与肩同宽，两手垂于身体两侧，精神集中，呼吸自然，目视前方，两臂缓缓向前平举至两手与肩同高，松肩坠肘，沉腕舒指，掌心向前下方。

（2）上体右转，右手随之右摆，掌心转向内，左手落于腹前，掌心向下，目视右掌。

（3）上体继续右转，右手经面前、左手经腹前同时向右云转划弧，至身体右侧时两手心翻转，变成右手心向外、左手心向内，头随右手转动。

(4)上体向左转，两手上下交换，随上体转动，同时向左云转划弧，目视左手。

(5)上体继续左转，两手继续左云转，至身体左侧时，两手同时翻转，变成左手心向外、右手心斜向下。

(6)上体向右转动，随之右手经面前、左手经腹前同时向右云转划弧。

(7)如此反复练习。

技术要点

(1)云转时两臂保持半圆形，不可直臂或过于屈肘。

(2)云转路线呈相交的两个椭圆形，动作要连续不断，与转腰相配合。

(3)练习时呼吸自然。

错误纠正

两手云转时易出现腰部无旋转、手孤立摆动、腰手配合不协调等问题。因此，应注重身体协调性的锻炼，做到动作协调完整、规范合理。

图 3-2-5

第四章 套路练习

基础套路练习是学好二十四式太极拳的重要步骤和组成部分，它着重强调练习者对二十四式太极拳基本要领的掌握和基本功的运用。这套动作的编定推广，有力地促进了太极拳运动的普及与开展，是目前太极拳运动普遍采用的入门练习。为方便学习，我们把二十四式太极拳套路练习分为四段介绍。

第一节

第一段

二十四式太极拳的第一段动作包括起势、左右野马分鬃、白鹤亮翅、左右搂膝拗步、手挥琵琶和左右倒卷肱等。

起势

动作方法 见图 4-1-1

（1）身体自然直立，两脚并拢，两臂自然下垂，两手放在大腿外侧，手指略屈，头颈正直，口略闭，舌抵上腭，胸腹放松，注意力集中，目视前方。

（2）左脚向左分开半步，两脚间距离与肩同宽，呈开立步，两脚平行。

（3）两臂慢慢向前平举，两手与肩同高，手心向下，指尖向前，肘关节向下略屈。

（4）上体保持正直，两腿屈膝下蹲，身体重心均衡地落在两腿之间，同时两掌轻轻下按，两肘下垂与两膝相对，目视前方。

技术要点

（1）并步站立和开立步站立时，两脚平行，身体重心落在两脚之间。

（2）由并步转换成开立步时，首先左膝放松，右膝自然略屈，身体重心便过渡到右腿上，然后左脚轻轻提起向身体左侧开半步，落地时左脚尖先着地，随身体重心左移慢慢过渡到全脚掌踩实地面。

（3）手臂前举时，两手在体侧将掌心转向后方，再慢慢向前平举，腕关节保持适度紧张，不要过分松软。

（4）下按到位时，两手在腹部前面，按掌到终点时舒展手掌和手指。

(5)上体保持正直，不能前俯后仰，尽量保持脊背、臀部和脚跟在同一个垂直面上，无论两臂前举或是下按，两肘尖都不能外展上扬，两肩不能紧张、耸起。

错误纠正

练习时易出现身体僵硬、两臂向下按掌时太用力等问题。因此，应尽量体会身体放松的状态或靠意念帮助自己放松，做到含胸、拔背、敛臀，两臂下按时注意用力的顺序，先沉肩坠肘，再塌腕按掌。

图 4-1-1

左右野马分鬃

动作方法 见图 4-1-2

(1)身体略向右转，重心移至右腿上，同时右手收在胸前平屈，手心向下，左手经体前向右下方划弧放在右手下，手心向上，两手心相对呈抱球状，左脚随之收到右腿内侧，脚尖点地，目视右手。

(2)上体左转，左脚向左前方迈出，脚跟轻轻点地，身体重心仍在右腿。

(3)重心前移，左脚踏实，左腿屈膝前弓呈左弓步，右脚跟向外碾动，同时左右手慢慢分别向左上方、右下方分开，左手高与眼平，肘略屈，右手落在右胯旁，手心向下，指尖向前，目视左手。

(4)上体慢慢后坐，重心移到右腿上，左脚尖翘起，略向外撇，随后左腿慢慢前弓，身体左转，重心再移到左腿上，同时左手翻转向下，收在胸前平屈，右手向左上方划弧放在左手下，两手心相对呈抱球状，上体略右转，右脚随之收到左脚内侧，脚尖点地，目视左手，右腿向右前方迈出，左脚跟后蹬，呈右弓步，同时左右手分别慢慢向左下方、右上方分开，右手高与眼平，肘关节略屈。

(5)左野马分鬃与右野马分鬃动作相同，方向相反。

技术要点

(1)转体与抱球要协调同步地完成，抱球时右臂适度放松，高度大致与肩平，肩部放松，手指略屈，肘略低于肩，腕略低于手，前臂与胸间有 20～30 厘米的距离，整个右臂呈弧形，左手翻掌划弧伴随前臂向外旋转。

(2)左脚或右脚收至支撑脚内侧，脚尖点地以增加身体的平衡性，此时身体重心绝大部分落在支撑腿上，随着动作熟练及身体控制能力的增强，内收的脚可以不点地而直接上步。

(3)弓步完成时，膝盖与脚尖应上下对正，其连线与地面垂直，弓步时后腿应自然伸直，脚跟踏实地面，身体重心分配的比例是前腿约承担三分之二，后腿约承担三分之一。

(4)分手时手心向上，力点在前臂外侧，向左或右斜上方“靠”出，此时肩部松沉，肘部略屈，分到顶点时舒展掌指，体现出由轻灵转向沉稳的气势。

(5)野马分鬃转换时，身体重心起伏幅度不大，要保持平稳。

(6)上体不要前俯后仰，两手分开要保持弧形，身体转动要以腰为轴，弓步与分手的速度要一致。

错误纠正

练习时易出现身体转动时用力不连贯，弓步时后腿脚尖不适当内扣等问题。因此，应原地体会以腰带臂的左右转动，做弓步动作时注意后腿绷直，脚跟向外碾动，脚尖内扣。

图 4-1-2

白鹤亮翅

动作方法 见图 4-1-3

（1）上体略向左转，左手翻掌向下，左臂胸前平屈，右手向上划弧。

（2）右脚跟进半步，身体重心后移，右脚踏实，上体后坐的同时略向右转，两手交错分开，右手上举，左手下落，目视右手。

（3）左脚提起略前点，呈左虚步，右手在右额前，掌心向左，左手翻掌向下按在左胯旁，目视前方。

技术要点

（1）做跟步时右脚前脚掌轻轻落地，并外展约 45 度，为虚步做好铺垫。

（2）步伐转换时，强调腰部参与旋转的运动，跟步时腰部略向左转，合胯收脚，后坐时腰部略右转，身体重心后移。

（3）随着两手上下分开，注意下颌略收，头略上顶，配合吸气，两手分至顶点时，右手外展，左手下按，配合呼气下沉，松腰松胯，精神集中。

错误纠正

练习时易出现虚步时虚实不够分明、身体前倾或后仰、右手上扬太高等问题。因此，应将虚步时几乎 90%身体的重量由后腿承受，右手应上扬至右额前方。

图 4-1-3

左右搂膝拗步

动作方法 见图 4-1-4

（1）上体略向左转，身体重心后移右掌掌心翻转向上摆至体前。

（2）右手从体前下落，经右下方向后上方划至右肩外，手与头同高，手心斜向上，左手由左下方向上、向右划弧至右胸前，手心斜向下，同时上体先略向左再向右转，左脚收至右脚内侧，脚尖着地。

（3）上体左转，右手向前推出，高与鼻尖平，左手向下由左膝前搂过落于左胯旁，指尖向前，目视右掌掌指。

（4）右腿慢慢屈膝，上体后坐，身体重心移至右腿，左脚尖翘起略向外撇，随后脚掌慢慢踏实，右脚前弓，身体左转，身体重心移至左腿，右脚收至左脚内侧，脚尖着地，同时左手向外翻掌，由左后向上划弧至左肩外侧，肘略屈，手与耳高，手心斜向上，右手随转体向上、向下划弧落于左胸前，手心斜向下，目视左手。

（5）动作方法与（2）相同，但方向相反。

（6）动作方法与（3）相同，但方向相反。

技术要点

（1）以腰部的转动带动四肢，突出太极拳以腰为轴的特点。

（2）前推、下搂的两掌和弓腿应同时到位，当推掌到终点时，虎口撑圆，放松掌指，沉肩坠肘，把意念集中在五指和掌根上，同时配合呼气实腹。

（3）手推出后身体不要前俯后仰，应松腰松胯，推掌时沉肩垂肘，坐腕舒掌，松腰弓腿，上下协调一致。

（4）搂膝拗步呈弓步时，两脚跟的横向距离保持在30厘米左右。

错误纠正

练习时易出现转体摆臂时腰部转动太多或手臂幅度过大、搂推时下搂掌和前推掌不协调同步等问题。因此，应在练习中要注意腰部略左转或右转，下划臂时高不过头，低不过小腹，搂推时以腰部的转动来带动全身协调用力。

图 4-1-4

手挥琵琶

动作方法 见图 4-1-5

（1）右脚向前跟进半步，右臂略向前伸展，手臂与腕关节放松。

（2）上体后坐，身体重心移至右腿上，上体略右转，右手屈肘后引，左手向左、向上划弧，摆至体前。

（3）上体略左转，左脚略提起略向前移，变成左虚步，两臂沉肘合抱于体前，左手掌心向右，高与鼻平，右手掌心向左，与左肘相对，目视左手。

技术要点

（1）后坐引手时，动作要协调，一气呵成。

（2）合抱定势时，顶头沉肩，上体中正，呼气下沉，松胸实腹。

错误纠正

练习时易出现虚步时重心分配不合理、身体前倾或后仰、合手时两臂夹臂向下等问题。因此，应多体会虚步时身体重心的合理分配，以及左臂夹肘抱掌与右臂下推抱掌的合劲。

图 4–1–5

左右倒卷肱

动作方法

见图 4-1-6

(1)上体略右转，两手翻掌向上，右手向下经腰侧划弧至右后方，略比肩高，左手在体前平举，头随体转，目视左手。

(2)上体略左转，左脚提起后退一步，前脚掌着地，右臂屈收在肩上耳侧，掌心向前下方，目视左手。

(3)上体继续左转，身体重心后移至左脚上，右脚脚跟提起，扭正方向，右膝略屈呈右虚步，右手推至体前，腕高与肩平，掌心向前，左手向下、向后划弧收在腰侧，右脚踏实，目视右手。

(4)左倒卷肱与右倒卷肱动作相同，方向相反。

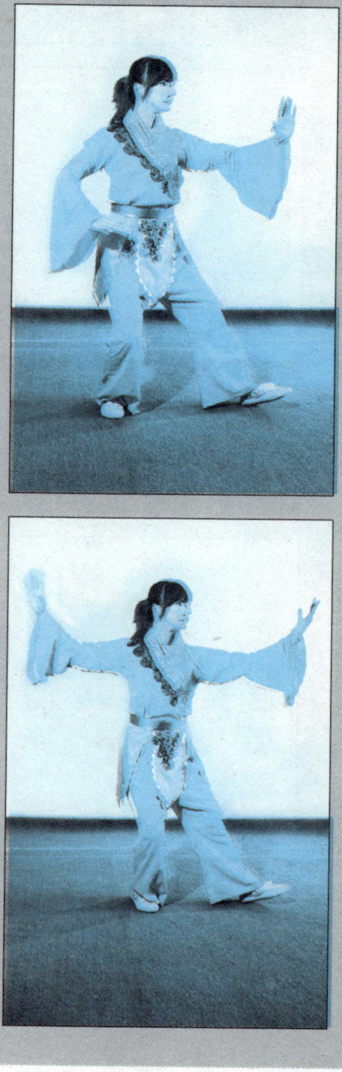

技术要点

(1)退步时支撑腿完全支撑身体重量后，才能提收另一脚，脚尖自然下垂，不超过支撑脚脚踝高度。

(2)前推时手不要伸直，后手不要直线回收，仍走弧线，转腰松胯，与两手速度一致，避免僵硬。

错误纠正

练习时易出现转体撤手时两臂呈直线，后撤步时重心过渡不正确，胯部过紧，出现夹裆等问题。因此，应强调转体撤手时手走弧线，以腰带臂，圆活自然，后撤步时重心平稳地放在支撑腿上。

图 4-1-6

第二节

第二段

第二段动作包括左揽雀尾、右揽雀尾、单鞭、云手和单鞭等。

左揽雀尾

动作方法 见图 4-2-1

(1)上体略向右转，右手由腰侧向右后上方划弧平举，高与肩平，掌心向上，左手在体前下落，手心向下，头随体转，目视前方。

(2)上体继续右转，右手屈抱于右胸前，掌心向下，左手划弧下落，屈抱于腹前，掌心翻转向上，两手呈抱球状，同时左脚收至右脚内侧，脚尖点地，目视右手。

(3)上体左转，左脚向前迈出一步，脚跟着地。

(4)上体继续左转，身体重心前移，左脚踏实呈左弓步，右腿自然蹬直，两手前后分开，左臂弧形向前棚架，高与肩平，右手向下划弧至右胯旁按掌，掌心向下，指尖向前，目视左前臂。

(5)上体略向左转，左手向左前方伸展，掌心转向下，右手转成掌心向上，经腹前向上、向前摆至左前臂内侧，目视左手。

(6)上体右转，身体重心后移落在右腿上，左腿自然伸直，两手同时向下经腹前向右后方划弧，右手停于侧前方，与头同高，左臂平屈于胸前，掌心向上，目视右手。

(7)上体左转，面向前方，右臂屈肘收在胸前，右手搭在左前臂内侧，掌心向前，指尖向上，目视前方。

(8)身体重心前移，左腿屈弓呈左弓步，右手推送左前臂向体前挤出，与肩同高，两臂撑圆，目视前方。

(9)上体后坐，身体重心移至右腿上，左脚跟提起，左手翻转向下，右手经左腕上方向前、向右划弧，两手分开，与肩同宽，屈肘后引收至腹前，目视前方。

（10）身体重心前移，左脚踏实呈左弓步，两手弧线推至体前，与肩同高，掌心向前，指尖向上，目视前方。

技术要点

（1）上下肢要协调配合，棚、捋、挤、按与弓腿协调一致，捋和引手与屈腿后坐一致，上体中正。

（2）注意动作的连贯性和身体重心的虚实转换，做到拳势之间既有虚实转换，又有连续衔接。

错误纠正

练习时易出现身体重心不稳、转腰与下捋不能协调一致等问题。因此，应注意以腰带动整个动作转换，两腿屈伸灵活自如，避免出现身体忽高忽低的现象。

图 4-2-1

右揽雀尾

动作方法 见图 4-2-2

（1）身体重心后移，上体右转，左脚尖内扣，右手经头前划弧右摆，两手平举于身体两侧，掌心向外。

（2）重心左移左腿屈，右脚收到左脚内侧，脚尖点地，两手在胸前呈抱球状，左手在上，右手在下，目视前方。

（3）转体上步、弓步棚臂、转体摆臂、转体后捋、转体搭手、弓步前挤、后坐引手、弓步按掌的动作与左揽雀尾相同，只是方向相反。

技术要点

（1）上下肢要协调配合，棚、捋、挤、按与弓腿协调一致，捋和引手与屈腿后坐一致，上体中正。

（2）注意动作的连贯性和身体重心的虚实转换，做到拳势之间既有虚实转换，又有连续衔接。

错误纠正

练习时易出现身体重心不稳、转腰与下捋不能协调一致等问题。因此，应注意以腰带动整个动作到完成，两腿屈伸灵活自如，避免出现身体忽高忽低的现象。

图 4-2-2

单鞭

动作方法 见图 4-2-3

（1）重心左移，上体左转，右脚尖内扣，两臂向左运转，左手经头前向左划弧，至头部左侧，掌心向外，右手经腹前向左划弧，至左肋前，掌心向上，眼神随左手移动。

（2）上体右转，重心右移，左脚收到右脚内侧，脚尖点地，右手向右划弧，经头前至身体右前方呈勾手，手腕与肩同高，左手向下、向右划弧，经腹前至右肩前，掌心向内，目光随右手转移。

（3）上体左转，左脚向左前方上步，脚跟点地，左手经面前向左划弧，掌心向内，目视左手。

（4）身体重心前移，左脚踏实呈左弓步，右腿自然蹬直，脚跟外展，左手经面前翻掌向前推出，左臂与左腿上下相对，目视左手。

技术要点

（1）弓步方向应略向左前方，不超过 30 度，两脚宽约 10 厘米。

（2）推掌时随上体左转，左腿前弓，左手边翻掌边向前推出，推掌完成时，应松腰、松胯、沉腕、展掌、舒指。

错误纠正

练习时易出现左手推掌时绕腕、两臂展开过大、下肢弓步与推掌不同步等问题。因此，应控制好左手翻掌的时机，左掌随重心移动，边移动边翻腕，翻腕完成后随下肢之势推出。

图 4-2-3

云手

动作方法 见图 4-2-4

(1)身体重心后移,上体右转,左脚尖内扣,左手向下划弧,经腹前至右肩前,掌心向内,右手勾手松开呈掌,掌心向外,目视右手。

(2)上体左转,重心左移,右脚向左脚收拢,前脚掌先着地,然后全脚踏实,两腿屈膝半蹲,两脚平行开立。

(3)左手经头前向左划弧运转,掌心向外翻转,至身体左侧,与肩部同高,右手向下,经腹前向左划弧至左肩前方,掌心转向内,眼随手走。

(4)上体右转,身体重心移向右腿,左脚向左横开一步,前脚掌先落地,过渡到全脚落地。

(5)右手经头前向右划弧运转,掌心向内,停于身体右侧,与肩部同高,左掌下落,经腹前向右划弧至右肩前,掌心渐渐翻向内,目随手运转。

(6)收脚动作与(2)(3)相同。

技术要点

(1)云手动作要做到以腰为轴,转腰带手,身手合一。

(2)本势步法是侧行步,注意点起点落、轻起轻落,步幅要合度,上体不可左歪右扭。

(3)两手交错向左右划立圆,同时旋臂翻掌。

错误纠正

练习时易出现两脚尖外撇、腰部转动过大、两臂划弧路线过大、侧行步与手臂动作不协调等问题。因此,应加强对仆步动作要领的了解,并反复练习。

图 4-2-4

单鞭

动作方法 见图 4-2-5

（1）上体右转，重心移在右腿上，左脚跟提起，右手经头前，向右划弧至右前方翻转呈勾手。

(2)左手向下,经腹前向右划弧至右肩前,掌心转向内。

(3)上体略左转,左脚向左前方上步,脚跟落地,左手经面前向左划弧,掌心向内。

(4)上体继续左转,身体重心前移,左脚踏实,呈左弓步,左手经面前翻转向前推出,高与肩平,目视左手。

技术要点

(1)弓步方向应略向左前方,不超过30度,两脚宽约10厘米。

(2)推掌时随上体左转,左腿前弓,左手边翻掌边向前推出,推掌完成时,应松腰、松胯、沉腕、展掌、舒指。

错误纠正

练习时易出现左手推掌时绕腕、两臂展开过大、下肢弓步与推掌不同步等问题。因此,应控制好左手翻掌的时机,左掌随重心移动,边移动边翻腕,等翻腕完成正好随下肢之势推出。

图 4-2-5

第三节

第三段

第三段动作包括高探马、右蹬脚、双峰贯耳、转身左蹬脚、左下势独立和右下势独立等。

高探马

动作方法 见图 4-3-1

(1)后脚向前收拢半步，前脚掌着地，右勾手松开，两手翻转向上，两臂前后平举，肘关节略屈，目视左手。

(2)上体略右转，身体重心后移，右脚踏实，右腿屈坐，左脚跟提起，右臂弯曲，右手卷收至头侧，目视前方。

(3)上体左转，右肩前送，左脚提起前点，前脚掌着地呈左虚步，右手从头侧向前推出，高与头平。

技术要点

前推的掌高与头平，后手要收至腹前。

错误纠正

练习时易出现虚步时点腿太直或太虚，身体前倾或后仰，左手收到左腰侧等问题。因此，应多体会虚步时两腿承担身体重量的虚实比例，并保持好身体的基本形态。

图 4-3-1

右蹬脚

动作方法

见图 4–3–2

(1)左掌掌心向上,前伸至右腕背面,两手相互交叉,随即向两侧分开并向下划弧,掌心斜向下,同时左脚提起向左前侧方进步,左脚脚尖略向外撇,身体重心前移,右腿自然蹬直,呈左弓步,目视前方。

(2)两手由外向内划弧,交叉合抱于胸前,右手在外,左手在内,两手手心均向后,同时右脚向左脚靠拢,脚尖点地,平视右前方。

(3)两臂左右划弧分开平举,肘部略屈,手心均向外,同时左腿支撑,右腿屈膝抬起,右脚向右前方慢慢蹬出,右腿与右臂上下相对,目视右手。

技术要点

(1)两手合抱要保持两肩松沉、两肘略坠、两臂抱圆,两手划弧分开时不要超过头部高度,支撑腿完全支撑身体重量后再提膝蹬脚。

(2)整个动作注意穿掌与上步一致,弓腿与分手一致,收脚与抱手一致,蹬脚与分手撑臂一致。

错误纠正

蹬脚时易出现支撑腿不稳、身体后仰或前倾、手脚方向不一致等问题。因此,应加强腿部柔韧性练习和腿部力量练习,提高身体的控制能力,蹬脚时强调蹬脚腿与同侧手方向一致。

图 4-3-2

双峰贯耳

动作方法 见图 4-3-3

(1)右小腿屈膝收回,脚尖自然下垂,左手向前、向下划弧,与右手并行落在右膝上方,掌心向上,目视前方。

(2)右脚下落,向右前方上步,脚跟着地,脚尖斜向右前方,两手收至腰侧,掌心向上。

(3)身体重心前移,右脚踏实呈右弓步,两手握拳从两侧向上、向前划弧摆至头前,两臂半屈呈钳形,两拳相对,距离同头宽,两臂内旋,拳眼斜向下,目视前方。

技术要点

贯拳力点在拳面,身体中正,沉肩坠肘,握拳不能过于紧张,也不能拳心松空。

错误纠正

贯拳时易出现两臂太直或太高、两手出现"腕花"、弓步与贯拳动作不协调等问题。因此,应有意识控制动作,逐渐体会动作要领,使上下肢同时协调到位。

图 4–3–3

转身左蹬脚

动作方法 见图 4–3–4

（1）重心渐渐移至左腿上，上体左转，右脚尖里扣，两拳松开，左手随转体经头前向左划弧，右手向右划弧，两手平举于身体两侧，目视左手。

（2）重心再移至右腿上，右腿屈膝后坐，左脚收至右脚内侧，脚尖点地，同时两手由外圈向里圈划弧，合抱于胸前，左手在外，手心均向后，目视前方。

（3）两手向左前方和右后方划弧分开，撑举在身体两侧，左脚提起，向左前上方慢慢蹬出，左臂与左腿上下相对，目视左手。

技术要点

左蹬脚与右蹬脚的方向要对称，贯拳力点在拳面，身体中正，沉肩坠肘，握拳不能过于紧张，也不能拳心松空。

错误纠正

贯拳时易出现两臂太直或太高、两手出现“腕花”、弓步与贯拳动作不协调等问题。因此，应有意识控制动作，逐渐体会动作要领，使上下肢同时协调到位。

图 4-3-4

左下势独立

动作方法 见图 4-3-5

(1)左腿收回平屈,左脚脚尖向下,自然垂于右腿内侧,上体右转,右手五指捏拢呈勾手,左手经头前划弧摆至右肩前,掌心向右,目视勾手。

(2)右腿屈蹲,左脚向左侧迈一步,前脚掌先着地后,再慢慢过渡到全脚掌落地,左腿伸直,左手落于左肋前,目视右勾手。

(3)身体重心降低,右腿屈膝全蹲,上体左转呈左仆步,左手沿左腿内侧向左穿掌,掌心向前,指尖向左,目视左手。

(4)身体重心慢慢移向左腿,左脚脚尖外撇,左腿屈膝前弓呈左弓步,右腿自然伸直,脚尖内扣,上体略向左转并向前起身,左手继续前穿向上挑起,右手前臂内旋背于身后,勾尖朝上,目视左手。

(5)上体左转,身体重心前移,左腿略屈独立支撑,呈左独立步,右腿屈膝前提,脚尖向下,左手下按,右勾手下落变掌,向前上方挑起,掌心向左,指尖向上,高与眼平,右臂半屈呈弧形,肘关节与右膝相对,目视右手。

技术要点

(1)注意动作的先后顺序,先屈收左小腿,右腿再屈膝下蹲。

(2)由仆步转换成独立步时,做好前脚的外撇和后脚的内扣,独立步时身体重心充分前移,右脚轻轻提起,不要出现右脚用力蹬地再提起的现象。

(3)定势时,支撑腿略屈站稳,另一腿屈膝上提,小腿内收,脚尖下垂,头略上顶,上体正直挺拔,目视前方。

错误纠正

练习时易出现塌腰突臀、上体过于前俯、重心不稳等问题。因此,应加强腿部柔韧性和腿部力量练习,增强控制能力。

图 4-3-5

右下势独立

动作方法 见图 4–3–6

(1)右脚下落在左脚内侧前方,距左脚约一脚距离,脚尖着地,上体左转,以左脚前掌为轴,向内扭转。

(2)左手呈勾手,向上提举于身体左侧,略高于肩,右手经头前划弧摆至左肩前,掌心向左,目视勾手。

(3)左腿屈膝半蹲,右脚提起,向右侧迈一步,随重心下降右腿伸直,右脚全脚踏实,右掌在左胸前准备下落,目视勾手。

(4)左腿屈膝全蹲,上体右转呈右仆步,右手经腹前沿右腿内侧向右穿出,目视右掌。

(5)重心移向右腿,右脚尖外撇,右腿屈膝前弓呈右弓步,右手前穿向上挑起,左手在背后呈勾手,勾尖向上,目视右手。

(6)上体略右转,身体重心继续前移,右腿独立支撑身体重量,左腿屈膝前提,脚尖向下。

(7)右手下按于右胯旁,左勾手变掌,经体侧向前挑起,掌心向右,指尖向上,高与眼平,左臂半屈呈弧,肘关节与左膝相对,目视左手。

技术要点

左腿屈膝下蹲时右脚提起再伸出，不要不提脚就直接擦地伸出。

错误纠正

练习时易出现塌腰突臀,上体过于前俯,重心不稳等问题。因此,应加强腿部柔韧性和腿部力量练习,增强控制能力。

图 4-3-6

第四节

第四段

第四段动作内容包括左右穿梭、海底针、闪通臂、转身搬拦捶、如封似闭、十字手和收势等。

左右穿梭

动作方法 见图 4-4-1

（1）左脚向左前方下落，脚跟着地，脚尖外撇，上体左转，重心前移，右脚跟离地，两腿屈膝呈交叉步，右脚收至左脚内侧，左手翻掌向下，右手翻掌向上，然后右脚收至左脚内侧，两手在左胸前呈抱球姿势。

（2）上体右转，右脚向右前方上步，右手向前上方划弧，左手向后下方划弧，两手交错，目视右手。

（3）上体继续右转，重心前移，右脚踏实呈右弓步，右手翻转上举，架于右额前上方，掌心斜向上，左手经肋前推至体前，与鼻同高，目视左手。

(4)身体重心后移，右脚尖外撇，上体右转，右手下落于头前，左手略向左划弧外展，目视前方。

(5)上体右转，两手在右肋前上下相抱，右脚收至左脚内侧，脚尖点地，目视右手。

(6)上体左转，左脚向左前方上步，脚跟着地，左手由下向前上方划弧，右手由上向后下方划弧，两手交错，目视右手。

(7)上体继续左转，身体重心前移，左脚踏实呈弓步，左手上举架于左额前上方，掌心向上，右手经肋前推至体前，与鼻同高，目视右手方向。

技术要点

(1)架推掌方向与中轴线呈 30 度角，弓步两脚宽约 30 厘米。

(2)从右穿梭过渡到左穿梭时，右脚尖不要外撇过大。

错误纠正

练习时易出现动作方向不正确、架推掌太高等问题。因此，应注意左右穿梭时，弓步应斜向前方约 30 度角，架推掌时手置于右或左额前上方。

图 4-4-1

海底针

动作方法 见图 4-4-2

（1）右脚向前跟进半步，距前脚约一脚长，重心后移，右腿屈坐，上体右转，右手下落，经体侧屈臂提抽至耳侧，掌心向左，指尖朝前，左手经体前向下划弧至腹前，掌心向下，目视前方。

（2）上体略左转，向前俯身，左脚前移，前脚掌着地呈左虚步，右手从耳侧向前下方插掌，掌心向左，指尖斜向前下方，左手经左膝前划弧搂过至大腿旁按掌，目视右掌。

技术要点

（1）上体舒展，前俯不超过 45 度。

（2）右手插掌时要向前下方直插，四指并拢，不要做下劈或砍的动作。

错误纠正

练习时易出现上体过分前俯左转、弯腰驼背、耸肩缩脖等问题。因此，应定势时上体略前倾，保持头部和躯干的端正，重心下沉，不挺髋挺腹，注意用腰部的转动来带动和协调全身的动作。

图 4-4-2

闪通臂

动作方法 见图 4-4-3

(1)上体略右转,身体恢复正直,右手提至体前,掌心向左,指尖向前,左手屈臂收举于右腕内侧,左脚收至右脚内侧,目视前方。

(2)左脚向前迈出,重心前移呈左弓步,左手向前平推,掌心向前,指尖与鼻尖对齐,右手由体前上提,掌心外翻,右臂平屈于头侧上方,目视左手。

技术要点

(1)弓步推掌前手、前腿上下相对,不能过分扭胯侧身。

(2)两手先上提再分开,左手经胸前向前推出,肘部保持略屈,不要伸直,右手上撑并略向后引拉。

错误纠正

练习时易出现腰屈体、上下肢配合不协调等问题。因此,应注意迈步不要太大,上体不可过分扭胯侧身,身体重心逐渐前移,手、脚动作到位。

图 4-4-3

转身搬拦捶

动作方法 见图 4-4-4

(1)重心后移,右腿屈坐,左脚脚尖内扣,身体右转,两手向右侧摆动,右手摆至身体右侧,左手摆至头部左侧,掌心均向外,目视左手。

(2)身体重心左移,左腿屈坐,右腿伸直,右脚跟提起向内转动,右手握拳下落,经腹前向左划弧,停于左肋前,拳心向下,左手撑举于左额前,目视前方。

(3)右脚提收至左脚踝关节内侧,再向前垫步迈出,脚跟着地,脚尖外撇,右拳经胸前向前搬压,拳心向上,高与胸平,肘部略屈,左手经右前臂外侧下落,按于左胯旁,目视右拳。

(4)上体右转,重心前移,左脚跟提起,右拳向右划弧至体侧,拳心斜向上,右臂半屈,左臂外旋,左手经左侧向体前划弧,掌心斜向上,目视前方。

(5)左脚向前上步,脚尖着地,左掌拦至体前,高与肩平,掌心向右，指尖斜向上，右拳翻转收在腰间，拳心朝上，目视左掌。

（6）上体左转，重心前移，左腿屈弓呈左弓步，右腿自然蹬直，右拳从腰间向前打出，与胸同高，拳眼向上，左手略收附于右前臂内侧，掌心向右，目视右拳。

技术要点

（1）身体重心的转换动作要清楚、平稳。

（2）垫步搬拳时注意右脚收至左脚内侧，略点地后直接迈出，脚尖外撇，垫步抬脚高度要适宜。

（3）拦掌与收拳要协调同步，注意以腰带臂。

错误纠正

练习时易出现重心起伏太大、动作不连贯等问题。因此，做动作时应强调"意动身随""腰为主宰"，重心在动作变化过程中始终保持平稳。

图 4-4-4

如封似闭

动作方法 见图 4–4–5

(1)左手翻转向上，经右前臂下向前穿出，右拳随之变掌，两掌在身体前交叉，目视前方。

(2)重心后移，右腿屈坐，左脚尖翘起，两臂屈收后引至腹前，掌心翻转斜向前下方，目视前方。

(3)重心前移，左腿屈弓呈左弓步，两掌经胸前向前推出，高与肩平，与肩同宽，掌心向前，指尖向上，目视前方。

技术要点

后坐收掌时右腿屈膝缩髋，两臂屈收内旋，两手边收边翻转，不可卷肱扬手，两肘夹紧或抬肘耸肩。

错误纠正

练习时易出现重心后移时身体后仰、掌收回或按出时路线不正确等问题。因此，应强调收掌时向后、向下划弧，前推时向上、向前推出，身体中正。

图 4-4-5

十字手

动作方法 见图 4-4-6

(1)上体右转,重心右移,左脚尖内扣,右手向右划弧摆动,两手心向外。

(2)上体继续右转,右脚尖外撇,右腿屈膝侧弓,左腿自然伸直,右手右摆至身体右侧,两臂侧平举,目视右手。

(3)上体左转,重心左移落在左腿上,右脚脚尖内扣,两手准备向下划弧。

(4)上体转向起势方向,右脚提起收拢半步,两手向下,经腹前交叉上举,合抱于胸前,两腿慢慢直立,两脚平行呈开立步,两臂撑圆,两腕交搭呈十字形,目视前方。

技术要点

(1)两手从体侧划弧下落时不能弯腰低头。

(2)左脚内扣应转向起势方向，为收势做准备。

错误纠正

练习时易出现转体呈右侧弓步时右脚没有外摆，造成右膝过分内扣，收脚合抱时突臀，身体前倾等问题。因此，应在转体时左脚先内扣，重心右移，右脚以脚跟为轴外摆呈右侧弓步，收掌合抱时，注意身体中正，臀部自然下坐。

图 4-4-6

收势

动作方法 见图 4-4-7

(1)两手臂内旋,两手翻转分开平举于体前,与肩同宽,掌心向下,目视前方。

(2)两臂徐徐下落于大腿外侧,左脚收回与右脚并拢,恢复成预备姿势。

技术要点

(1)翻掌分手时,腕关节不要形成腕花。

(2)垂臂落手不能做成屈臂下按。

错误纠正

练习时易出现身体过于放松等问题。因此,应身体保持直立,呼吸顺畅,目视前方。

图 4—4—7

第五章 基本规则

制定各项运动的比赛规则，有助于全民健身运动的深入开展。比赛参与者应该了解比赛规则的基本知识，以使自己在比赛过程中游刃有余地发挥技术水平。比赛观赏者也只有在了解基本规则的前提下，才能够充分体验到观赏比赛的乐趣。

第一节

比赛方法

参赛选手要按照一定的方法进行比赛，并须遵循一定的规则，以使比赛有序进行。

比赛性质

比赛类型

二十四式太极拳比赛包括个人项目和集体项目。

年龄组别

(1)成年组：18 周岁以上(含 18 周岁)。

(2)少年组：12～17 周岁。

(3)儿童组：不满 12 周岁。

比赛流程

比赛流程包括进场、起势、收势和退场等。

(1)选手听到点名或看到电子显示屏显示姓名后，应立即进场，待裁判长示意后，即可走向起势位置。

(2)选手身体任何部位开始动作即为起势(计时开始)，集体项目在行进间开始动作者，须事先向裁判申明。

(3)选手完成整套动作后，须并步收势(计时结束)，再转向裁判长行注目礼，然后退场。

(4)选手应在同侧场内完成相同方向(左右不得超过 90 度)的起势与收势，集体项目必须在场内完成起势与收势，方向、位置不限。

(5)选手听到上场比赛的点名和赛后示分时，应向裁判长行抱拳礼。

第二节 裁判方法

在比赛过程中，裁判人员通过履行其职责，进行正确的裁判工作，来保证比赛的公平、公正。

裁判人员

裁判人员包括裁判长和裁判员。其中，裁判员包括 3～5 名评判动作规格的裁判员和 3～5 名评判演练水平的裁判员。太极拳比赛中，他们分别处于不同的方位来评判动作。

评分

比赛满分为 10 分，其中动作规格分值为 6.8 分，演练水平分值为 3 分，创新难度分值为 0.2 分。

裁判员评分

动作规格分

动作规格分满分为 6.8 分。裁判员根据选手现场发挥的技术水平，按照动作规格要求，减去该动作规格中出现的错误扣分和其他错误的扣分，即为选手的动作规格分。

（1）凡手形、步形、手法、步法、身法、腿法与规格要求轻微不符者，每出现一次扣 0.05 分。

（2）与规格要求显著不符者，每出现一次扣 0.1 分。

（3）与规格要求严重不符者，每出现一次扣 0.2 分。

（4）一个动作出现多种错误时，最多扣分不得超过 0.2 分。

演练水平分

演练水平分满分为 3 分。裁判员根据选手现场表现的整套演练水平，按照太极拳在功力、演练技巧、编排等方面的标准，整体比较，确定扣分，从该类分值中减去应扣分数，即为选手的演练水平分。

裁判员示分

裁判员所示分数可到小数点后两位数，小数点后第2位数必须是0或5。

应得分数

动作规格分与演练水平分之和即为选手的应得分数。动作规格分与演练水平分的确定方法为：

（1）3个裁判员评分时，取3个分数的平均值为选手的应得分。

（2）4～5个裁判员评分时，去掉最高分和最低分，取中间2个或3个分数的平均值为选手的应得分。

（3）选手的应得分数只取到小数点后两位数，小数点后第3位不作四舍五入。

裁判长扣分

起势、收势

（1）起势与收势方向不符合要求者，扣0.1分。

（2）起势与收势有意拖延时间，一个动作达8秒者，扣0.1分；达10秒者，扣0.2分；达12秒者，扣0.3分。

重做

（1）选手因客观原因，造成比赛套路中断，经裁判长允许，可重做一次，不予扣分。

（2）选手因动作遗忘、失误等原因造成比赛套路中断，可重做一次，扣1分。

（3）选手临场受伤不能继续比赛，裁判长有权令其中止，经过简单治疗即可继续比赛的，可安排在该组最后一名继续上场，按重做处理，扣1分。

（4）因伤不能在上述规定时间内继续比赛者，作弃权论。

出界

（1）身体的某一部位接触线外地面，扣 0.1 分。

（2）整个身体出界，扣 0.2 分。

平衡时间不足

（1）凡指定的持久平衡动作的静止时间不足 1 秒者，扣 0.2 分。

（2）不足 2 秒者，扣 0.1 分。

不足或超出规定时间

（1）没有在规定时间内完成套路，不足或超出规定时间在 5 秒内者（含 5 秒），扣 0.1 分。

（2）不足或超出规定时间在 5 秒以上至 10 秒以内者（含 10 秒），扣 0.2 分，以此类推。

服装不符合规定

在比赛中，如发现选手服装违反规定，则取消其该项成绩。

动作组别不够

任何自选套路，动作组别少于规定的要求时，每少 1 个手形、步形、腿法、跳跃、平衡动作和规定的一种方法，扣 0.3 分。步形和平衡动作，均以定势为准，过渡的或一晃而过的都不算规定的步形和平衡。

规定套路的动作缺少或增加

（1）漏做或增加一个完整的动作，扣 0.2 分。

（2）跳跃动作的助跑步数或行进动作的步数缺少或增加，每出现 1 次，扣 0.1 分。

指定动作扣分

（1）如未选择一组“指定动作”，除扣去该组指定动作的难度分值外，还应按漏做动作扣分，每漏做 1 个动作扣 0.3 分。

（2）附加或漏做 1 个或几个动作时，按动作附加或漏做动作扣分，每附加或漏做 1 个动作扣 0.3 分。

(3)改变动作可视为附加或漏做。

(4)每改变 1 次规定要求的方向,扣 0.3 分,如果由于方向改变出现附加或漏做,则按附加或漏做扣分。

(5)重做指定动作的部分或全部,对动作中错误的扣分,以第 1 次完的动作为准。

(6)自选套路指定动作位置确定表填报错误,将在该项最后得分中扣 0.3 分。

裁判长的加减分

在出现明显不合理的现象时,裁判长有权给运动员加减分;在中间 3 个有效分出现不允许差数(平均分在 9 分或 9 分以上的差数不得超过 0.2 分,9 分以下的差数不得超过 0.4 分)时,裁判长可以打分进行调整。

裁判长的加减分和调整分,有效分平均值在 9 分以上时,不得超过 +-0.05;9 分以下时,不得超过 +-0.1。

裁判长对评分调整

(1)当评分出现明显不合理现象时,在出示选手最后得分前,裁判长须报告总裁判长,经总裁判组同意,可召集场上裁判员协商或同个别有关裁判协商,改变分数。

(2)当有效分数(除去最高与最低)之间出现不允许的差数时,在出示选手的最后得分前,裁判长可召集场上裁判员协商或同个别有关裁判协助协商,改变分数。

最后得分

裁判长从选手的应得分中减去“裁判长扣分”,再加上“创新难度动作”加分,即为选手的最后得分。